O Girassol que não acompanhava o Sol

ETNA LACERDA

ilustrações: BB Editora

Todas as manhãs, logo que o sol surgia, todas as flores faziam sua prece **matinal** num lindo campo de girassóis.

– Obrigada, Senhor Deus, pela terra que nos alimenta, pela chuva que nos beneficia e pelo sol que nos fortalece. Obrigada pelas lindas cores e pelo agricultor amigo que **zela** por nós. Obrigada pela tarefa que Deus nos confiou.

Matinal – próprio da manhã, bem cedo.

Zelar – vigiar, proteger, tomar conta de alguém ou de algo.

Todas as flores faziam a prece, menos o girassol Nicolau. Ele estava sempre com seu **caule** esticado, olhando tudo que acontecia no bosque ao lado.

Ao ver o vaivém dos animaizinhos, fazia sempre algum comentário:

Caule – o caule compõe as plantas, junto com as folhas e a raiz. Ele é responsável pela condução da água, que é retirada do solo, ao longo das plantinhas.

– Olhe só essas abelhas, que animais desocupados! Vivem pousando de flor em flor, fazendo o maior zum-zum.

Ao ouvir o comentário indelicado de Nicolau, o Lagartão, que tomava seu banho de sol, explicou:

– Não fale assim das abelhas. Elas estão retirando o **néctar** das flores para fazer o delicioso mel. Fazem a tarefa que Deus lhes confiou.

– Que nada. Elas levam a vida brincando e saboreando o docinho das flores.

Néctar – substância açucarada que é produzida pelas plantas. É utilizada pelas abelhas para a produção do mel.

Logo em seguida, Nicolau girou o seu comprido caule a fim de observar as aranhas, que **teciam** suas teias calmamente.

– Veja, Lagartão. Essas aranhas preguiçosas passam o dia inteiro tecendo teias tão finas que não servem para nada.

Tecer – produzir (tecidos) usando fios e elementos diversos – como as aranhas, por exemplo, que produzem fios para tecer suas teias.

Lagartão novamente esclareceu:

– Amigo Nicolau, as aranhas são vagarosas porque tecem as teias com muito carinho. As teias finas prendem os insetos, que são o alimento **preferido** delas. As aranhas fazem a tarefa que Deus lhes confiou.

Preferido – o que foi escolhido, o mais querido.

Nicolau nem prestou atenção em Lagartão, pois já estava de caule curvado, observando curioso o que faziam as formigas.

– Lagartão, observe essas formigas. Passam o dia carregando folhas, insetos mortos e tudo que encontram pela frente. Não param um só instante para brincar ou descansar. Só pensam em trabalhar.

Mais uma vez Lagartão interferiu:

– Amiguinho, elas trabalham para **suprir** o formigueiro nos dias chuvosos. Gostam do que fazem, por isso não se cansam e o trabalho não as **aborrece**. Fazem a tarefa que Deus lhes confiou.

Suprir – preencher, completar.

Aborrecer – ficar zangado, enfurecido.

Nicolau mal ouvia, pois já estava de caule virado vendo o que faziam os besouros, os gafanhotos e as borboletas. E assim fez a manhã toda, girando sua cabecinha amarela.

No final do dia, não tendo mais com o que se ocupar, Nicolau resolveu olhar para o sol e receber seus últimos raios de luz.

De repente, sentiu algo diferente:

– Ai, que dor no meu caule! Não consigo movê-lo.

Lagartão chegou mais perto, olhou com atenção e falou:

– Nicolau, você está com o caule torcido e muito inchado. Eu vou chamar o doutor Mari Bombondo.

Quando doutor Mari Bombondo chegou, **diagnosticou**:

– Você está com torcicaule!

– O que é isso doutor? – perguntou Nicolau.

– É caule torcido. Você deve ter girado muito o seu caule, o que provocou esse inchaço. Os girassóis geralmente acompanham o movimento do sol. Isso é feito lentamente e não causa dano algum. Você deve ter usado mal o seu caule.

Diagnóstico – é a resposta médica apresentada ao paciente, depois que exames são realizados.

Realmente, Nicolau girou o seu caule para observar o que os outros faziam, esquecendo-se de sua tarefa. Doutor Mari Bombondo receitou alguns remédios.

Duas vezes ao dia, deveria passar mel de boa qualidade e cobrir todo o caule com folhas de algodoeiro. Além disso, precisava envolver o local em uma **gaze** bem fininha.

Ao terminar a consulta, o doutor deixou Nicolau pensativo. Como conseguir os remédios? Lagartão, que estava próximo, resolveu ajudar e falou com as abelhas, as formigas e as aranhas.

Gaze – curativo de algodão.

Imediatamente, as abelhas trouxeram mel fresquinho e espalharam suavemente no caule de Nicolau. As formigas carregaram folhas novinhas de algodoeiro e delicadamente cobriram o local. E as aranhas, com paciência e cuidado, teceram uma teia fininha como gaze, fechando o curativo.

No outro dia Nicolau estava melhor. O amigo Lagartão aconselhou:

– Agora que você está recuperado, procure não ficar torcendo seu caule para ver o que os outros fazem. Quem trabalha está fazendo a tarefa que Deus lhe confiou. Procure fazer a sua.

– Obrigado, amigo Lagartão. Muito obrigado, amiguinhos do bosque. Agora eu vejo que todo trabalho é importante quando é para o bem e o fazemos com amor.

Como o sol já surgia no horizonte, os girassóis se reuniram para a prece matinal. Desta vez Nicolau pediu para fazer a sua prece.

– Obrigado, Senhor Deus, por tudo que nos dá. Obrigado pela lição que aprendi. Cada um deve fazer o seu trabalho sem se preocupar com os outros, **executando** com muito amor a tarefa que lhe foi confiada.

Executar – Realizar, fazer.

Agora, a cada manhã, Nicolau ergue sua linda cabecinha amarela e acompanha lentamente o caminho do sol, fazendo com todo amor a tarefa que Deus lhe confiou.